Que vois-tu sur la **route**?

Je vois une **voiture**.

LES CHOSES QUI VONT...

SUR LA ROUTE

Un livre de la collection
Les racines de Crabtree

CHRISTINA EARLEY

Crabtree Publishing
crabtreebooks.com

Soutien de l'école à la maison pour les parents, les gardiens et les enseignants

Ce livre aide les enfants à se développer grâce à la pratique de la lecture. Voici quelques exemples de questions pour aider le lecteur ou la lectrice à développer ses capacités de compréhension. Les suggestions de réponses sont indiquées en rouge.

Avant la lecture

- De quoi ce livre parle-t-il?
  - *Je pense que ce livre parle des véhicules qui roulent sur la route.*
  - *Je pense que ce livre parle des types de véhicules qu'on voit habituellement sur une route ou une rue.*

- Qu'est-ce que je veux apprendre sur ce sujet?
  - *Je veux savoir quels types de véhicules on peut conduire sur la route.*
  - *Je veux apprendre les différents types de véhicules qui se déplacent sur la route.*

Pendant la lecture

- Je me demande pourquoi...
  - *Je me demande pourquoi les voitures roulent sur la route.*
  - *Je me demande pourquoi différents types de véhicules roulent sur la route.*

- Qu'est-ce que j'ai appris jusqu'à présent?
  - *J'ai appris que les motocyclettes vont sur la route.*
  - *J'ai appris que les autobus roulent sur la route.*

Après la lecture

- Nomme quelques détails que tu as retenus.
  - *J'ai appris que différents types de véhicules sont utilisés sur la route.*
  - *J'ai appris que les véhicules qui vont sur la route ont des roues.*

- Lis le livre à nouveau et cherche les mots de vocabulaire.
  - *Je vois le mot* ***camion*** *à la page 6 et le mot* ***motocyclette*** *à la page 9. Les autres mots de vocabulaire se trouvent à la page 14.*

Je vois un **camion**.

Je vois une **motocyclette**.

Je vois un **autobus**.

SCHOOL BUS
STOP

De nombreux véhicules vont sur la route.

Liste de mots

Mots courants

je	que	une
la	sur	vois
nombreux	un	vont

La boîte à mots

autobus

camion

motocyclette

route

voiture

28 mots

Que vois-tu sur la **route**?

Je vois une **voiture**.

Je vois un **camion**.

Je vois une **motocyclette**.

Je vois un **autobus**.

De nombreux véhicules vont sur la route.

LES CHOSES QUI VONT...

SUR LA ROUTE

Crabtree Publishing

crabtreebooks.com 800-387-7650

Au Canada : Nous reconnaissons l'appui financier du gouvernement du Canada par l'entremise du Fonds du livre du Canada pour nos activités de publication.

Autrice : Christina Earley
Conception : Rhea Wallace
Développement de la série : James Earley
Correctrice : Janine Deschenes
Conseils pédagogiques : Marie Lemke M.Ed.
Traduction : Annie Evearts

Références photographiques : Shutterstock : Andrey Armyagov : couverture, p. 1; gary lighnter : p. 3, 14; Piyawat Nandeen Apparit : p. 5, 14; Vitpho : p. 7, 14; Alexander Kirch : p. 8, 14; Stuart Monk : p. 11, 14; Anna Kraynova : p. 12-13

Imprimé au Canada/102023/CPC20231020

Publié au Canada
Crabtree Publishing
616 Welland Avenue
St. Catharines, Ontario
L2M 5V6

Publié aux États-Unis
Crabtree Publishing
347 Fifth Avenue
Suite 1402-145
New York, NY 10016

Paperback 978-1-0396-0705-7
Ebook (pdf) 978-1-0396-0710-1
Epub 978-1-0396-0715-6
Read-along 978-1-0396-0720-0
Audio book 978-1-0396-0725-5

Catalogage avant publication de Bibliothèque et Archives Canada

Titre: Sur la route / Christina Earley ; texte français d'Annie Evearts.
Autres titres: On the road. Français.
Noms: Earley, Christina, auteur.
Description: Mention de collection: Les choses qui vont... | Les racines de Crabtree | Traduction de : On the road. | Comprend un index.
Identifiants: Canadiana (livre imprimé) 20210258780 | Canadiana (livre numérique) 20210258799 | ISBN 9781039607057 (couverture souple) | ISBN 9781039607101 (HTML) | ISBN 9781039607156 (EPUB) | ISBN 9781039607200 (livre numérique avec narration)
Vedettes-matière: RVM: Véhicules automobiles—Ouvrages pour la jeunesse. | RVMGF: Documents pour la jeunesse.
Classification: LCC TL147 .E27514 2022 | CDD j629.222—dc23